Collana di letture graduate per stranieri

diretta da
Maria Antonietta Covino Bisaccia
docente presso l'Università per Stranieri di Perugia

GIOVANNI BOCCACCIO

Madonna Filippa

Melchisedech e il Saladino

Novelle tratte dal
DECAMERON

a cura di
Maria Antonietta Covino Bisaccia
Maria Rosaria Francomacaro

© Copyright 1996, Guerra Edizioni, Perugia
Proprietà letteraria riservata

ISBN 88-7715-383-0

Disegni di *Vittorio Scappaticcio* e *Giulia Zeetti*

In copertina:
Miniatura di scuola fiamminga, attribuita a Guillebert de Mets, nel "Decameron de Philippe le Bon". Parigi, Bibliothèque de l'Arsenal.

Indice

Andrea del Castagno, *Ritratto di Giovanni Boccaccio* (1450-1460 ca.), Firenze, Museo di S. Apollonia.

GIOVANNI BOCCACCIO

Giovanni Boccaccio nascé nell'estate del 1313 a Certaldo (o forse a Firenze) da Boccaccio di Chellino o Boccaccino, e da una donna di bassa condizione il cui nome non conosciamo.

Da ragazzo vive a Firenze con il padre, un mercante che lavora per la banca dei Bardi.

Nel 1328 il padre va a Napoli per lavoro e porta con sé anche il figlio. Qui Boccaccio comincia a lavorare come mercante. Ma questo lavoro non gli piace; ama molto di più, invece, la letteratura, e in particolare la poesia.

Il periodo napoletano diventa così il più felice della sua vita, ricco di interessi nuovi, di esperienze e di amori: nella chiesa di San Lorenzo a Napoli incontra Fiammetta, la donna amata di cui parlerà in molte delle sue opere.

La *Caccia di Diana,* le *Rime,* il *Filocolo,* il *Filostrato,* il *Teseida,* sono le opere che Boccaccio scrive durante il bel periodo napoletano.

Nel 1340 la banca dei Bardi chiude, e Boccaccio è costretto a tornare a Firenze, dove dal 1349 al 1351 lavora al *Decameron.* Questa è l'opera della piena maturità artistica dell'autore.

A Firenze incontra per la prima volta Francesco Petrarca; i due diventano amici e tra loro comincia un lungo e profondo rapporto. In seguito, lo stesso Petrarca impedirà al Boccaccio di distruggere il *Decameron,* quando l'autore, in piena crisi religiosa, sta per farlo.

La città di Firenze manda Boccaccio come ambasciatore in molte città italiane e durante questi viaggi il suo interesse principale rimane sempre la letteratura.

Alla fine, stanco e malato ritorna a vivere a Certaldo, dove rimane fino alla morte, avvenuta il 21 dicembre del 1375.

DECAMERON

Boccaccio scrive il *Decameron* tra il 1349 e il 1351 al ritorno da Napoli.

Il titolo viene dal greco e significa dieci giorni. Infatti l'opera raccoglie cento novelle raccontate da dieci giovani in un periodo di dieci giorni.

Questi giovani, sette ragazze e tre ragazzi, fuggono da Firenze a causa della peste del 1348 e si fermano per due settimane in una villa poco lontano dalla città. Per passare in maniera piacevole le giornate, i dieci giovani raccontano ogni giorno (ma non il venerdì e il sabato) una novella ciascuno su un argomento scelto dal re o dalla regina di quella giornata; solo il primo e il nono giorno sono liberi di scegliere l'argomento.

Boccaccio scrive questo libro per le donne che, nella società del suo tempo, passavano le giornate sempre in casa, solo in compagnia della loro famiglia, mentre gli uomini potevano uscire e avere tanti interessi e tante cose da fare.

L'opera presenta personaggi, ambienti e situazioni di tanti tipi diversi: l'amore cortese e l'amore fisico, l'intelligenza e la stupidità, la gioia e il dolore, la ricchezza e la povertà, la vita e la morte. Gli ambienti delle storie vanno dai giardini alle montagne, dalle case povere ai palazzi dei re, dalle città italiane a quelle dell'Oriente.

Nel *Decameron* il protagonista è l'uomo e il suo comportamento di fronte alle tre grandi forze che muovono il mondo: l'Amore, la Fortuna e l'Intelligenza.

Boccaccio scrive il *Decameron* nella lingua del '300, cioè l'italiano "volgare".

La versione qui proposta è, invece, in italiano contemporaneo.

Legenda:

Il trattino sotto alcune vocali vuole indicare la sillaba su cui cade l'accento tonico.
Di solito, però, in italiano l'accento tonico cade sulle penultima sillaba.

Madonna Filippa

La settima *novella* della sesta giornata racconta che Rinaldo de' Pugliesi trova sua moglie, *madonna* Filippa, in compagnia del suo amante. Per questo la fa chiamare in *tribunale* dove madonna Filippa, con una risposta intelligente e *divertente*, riesce ad evitare la morte e a far cambiare la legge.

Nella città di *Prato* esisteva una legge *ingiusta* e dura. Questa legge stabiliva che le donne che, oltre al proprio marito, avevano o amavano un altro uomo, dovevano morire sul *rogo*, cioè sul fuoco. Non distingueva se la ragione del *tradimento* era l'amore o il denaro.

rogo

novella breve storia
madonna parola usata nel Medioevo per "signora"
tribunale vedi illustrazione a p. 16
divertente che fa divertire, ridere
Prato città della Toscana (vedi cartina a p. 12)
ingiusto che non è giusto
tradimento qui, la relazione d'amore che una persona ha con un'altra che non è la propria moglie o il proprio marito

11

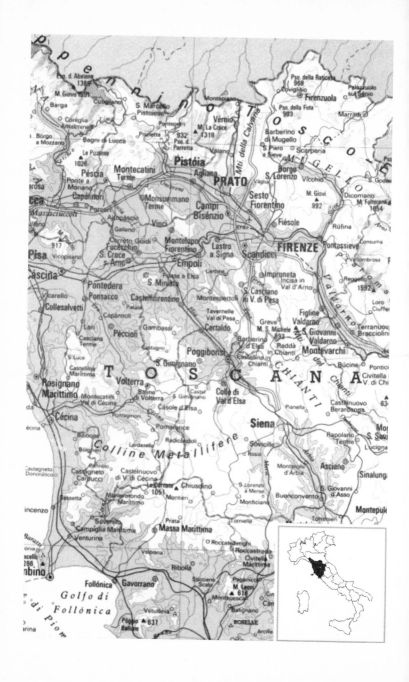

Una notte, mentre quella legge era ancora *valida*, accade che Rinaldo de' Pugliesi scopre sua moglie, madonna Filippa, una donna gentile, bella e molto *passionale*, tra le braccia dell'amante. Questi, Lazzarino de' Guazzagliotri, è un giovane di Prato gentile e bello, che madonna Filippa ama quanto se stessa.

Il marito di madonna Filippa rimane così male a quella vista che è quasi sul punto di ucciderli; la *rabbia* che prova gli dice di farlo, ma ha paura delle conseguenze

valido qui, che vale ancora
passionale capace di molta passione, di molto amore
rabbia sentimento negativo molto forte che si prova, a causa di un dispiacere molto grande, nei confronti di qualcuno che ci ha fatto del male

che possono avere origine da questo gesto. Cerca perciò di ottenere dalla legge della città la morte di sua moglie, che lui non ha potuto e non può uccidere.

Così il giorno dopo, senza chiedere consiglio a nessuno, *denuncia* la donna e la fa chiamare in tribunale.

La donna, che ha molto coraggio, come di solito lo hanno le donne veramente *innamorate*, decide di presentarsi in tribunale, anche se molti dei suoi amici e *parenti* le danno il consiglio di non farlo. Lei preferisce dire la verità e morire con coraggio, piuttosto che fuggire *vilmente*, andare a vivere *in esilio* e rendersi *indegna* dell'uomo che ama.

Molti amici e amiche l'accompagnano in tribunale e le danno il consiglio di *negare* il tradimento, ma la donna, quando arriva davanti al *podestà*, con il viso e la voce che con rivelano *emozione*, chiede la ragione per cui lui l'ha fatta chiamare.

Il podestà è subito *colpito* dalla bellezza e dalle maniere gentili di madonna Filippa; inoltre, quando la sente parlare, capisce che è una donna di buoni sentimenti e prova *compassione* di lei. Vorrebbe, perciò, far capire alla donna di non ammettere colpe per le quali lui, come *giudice*, deve farla morire.

---

denunciare dichiarare, riferire un fatto alla polizia e, in genere, alle autorità
innamorato chi prova amore per un'altra persona
parente persona di famiglia come cugino/a, zio/a, nonno/a, ecc.
vilmente come un vile, cioè una persona che ha paura e fugge davanti al pericolo
andare in esilio quando una persona è costretta a lasciare la propria patria e a vivere in un'altra nazione
indegno che non è degno, che non ha diritto a qualche cosa
negare dire che una cosa non è vera
podestà nel Medioevo, capo della città che ha il compito di giudicare e di condurre l'esercito in guerra
emozione sentimento molto forte, come paura, gioia, ecc.
colpire qui, ricevere un'impressione positiva
compassione sentimento che si prova per una persona che soffre
giudice autorità che ha il compito di giudicare

tribunale

Tuttavia, poiché non può evitare di farle una domanda sulla questione per la quale il marito l'ha denunciata, le dice: "Madonna, come *voi* vedete, qui c'è vostro marito Rinaldo che *si lamenta* di voi. Lui vi *accusa* di *adulterio* e per questo mi chiede di farvi morire sul rogo, come prevede la legge. Ma io non posso farlo se voi non ammettete questa colpa: perciò fate attenzione a ciò che rispondete e ditemi se è vero quello di cui vostro marito vi accusa."

La donna, senza mostrare alcuna emozione, con voce molto *piacevole* risponde: "*Messere*, è vero che Rinaldo è mio marito e che lui mi ha trovato ieri notte tra le braccia di Lazzarino, con cui mi sono incontrata spesso a

voi antica forma di cortesia usata invece del Lei; nel Sud dell'Italia, ancora oggi, il suo uso è abbastanza comune
lamentarsi non essere contento di qualcosa o qualcuno
accusare dichiarare la colpa di una persona
adulterio relazione d'amore che una persona sposata ha con un'altra persona
piacevole che dà piacere
messere parola usata nel Medioevo per "signore"

a causa dell'amore vero che provo per lui, e questo io non lo negherei mai; sono certa, però, che voi sapete che le leggi devono essere uguali per tutti ed esprimere la volontà di coloro che devono osservarle. Tuttavia ciò non accade per questa legge, in quanto prevede pene solo per le povere donne, che possono offrire molto più amore di quanto ne offrono gli uomini; inoltre, nessuna donna ha mai ritenuto giusta questa legge, né era presente quando voi uomini l'avete fatta: per queste ragioni può essere di sicuro giudicata una legge non giusta e cattiva. Se voi, dunque, volete *eseguirla* e fare un *danno* al mio corpo e alla vostra coscienza, siete libero di farlo; ma, prima di giudicare, vi prego di farmi una piccola grazia: chiedete a mio marito se io gli ho sempre concesso tutto il mio corpo ogni volta e quante volte a lui piaceva."

A questo punto Rinaldo, senza aspettare la domanda del podestà, subito risponde che, senza dubbio, la donna gli si è sempre concessa del tutto, ogni volta che lui gliel'ha domandato.

"Dunque - continua subito la donna - vi chiedo, messer podestà: se lui ha sempre avuto da me quello di cui aveva bisogno e che gli dava piacere, che cosa dovevo e devo fare di quello che a lui non serve? Lo devo gettare ai cani? Non è molto meglio offrirlo ad un uomo gentile che mi ama più di se stesso, piuttosto che lasciarlo *rovinare* o *guastare*?"

Quasi tutta la gente di Prato, che conosceva bene madonna Filippa, è presente al processo, e quando sente la domanda divertente che lei rivolge al podestà, comincia a ridere tantissimo e a gridare che la donna ha ragione e

---

eseguire fare, realizzare, rendere realtà
danno tutto ciò che fa del male, che causa dolore fisico o morale
rovinare, guastare ridurre qualcosa in cattivo stato

dice una cosa giusta. Anche il podestà riconosce che ciò che ha detto madonna Filippa è giusto. Così, la gente di Prato, prima di allontanarsi, insieme al podestà cambia quella legge senza cuore, e lascia la pena solo per quelle donne che tradiscono il marito per denaro.

Quando Rinaldo sente questa strana *decisione* rimane *confuso* e si allontana dal tribunale, mentre la moglie, libera e felice poiché è riuscita ad evitare la pena, torna a casa *vittoriosa*.

decisione l'atto del decidere
confuso qui, chi non ha più le idee chiare
vittorioso chi ha vinto

Esercizi

1. Rispondi alle seguenti domande

1. Come era la legge di Prato?

   _____

2. Cosa succede una notte a Rinaldo?

   _____

3. Cosa decide di fare Rinaldo?

   _____

4. Perché madonna Filippa decide di andare in tribunale?

   _____

5. Perché, secondo madonna Filippa, la legge è ingiusta?

   _____

6. Cosa pensa il podestà di madonna Filippa?

   _____

7. Cosa pensa la gente di Prato di madonna Filippa?

   _____

8. Come reagisce Rinaldo alla decisione del podestà?

   _____

2. Ricostruisci la storia

1. Quando la gente di Prato sente le ragioni di madonna Filippa, si dichiara d'accordo con lei e chiede al podestà di cambiare la legge.

2. Una notte Rinaldo, il marito di madonna Filippa, scopre sua moglie in compagnia di Lazzarino.

3. A Prato c'è una legge secondo cui le donne che tradiscono il proprio marito devono morire.

4. Il podestà lascia libera madonna Filippa e Rinaldo, a cui non è piaciuta questa decisione, va via molto triste.

5. Lui rimane così male che decide di accusare la donna al podestà.

6. In quella città vive madonna Filippa, una donna sposata, che ha un amante di nome Lazzarino con cui si incontra di notte.

7. Madonna Filippa confessa il fatto e poi fa capire al podestà che la legge non è giusta con le donne.

8. Il podestà, allora, la fa chiamare in tribunale e le chiede se è vero ciò che dice Rinaldo.

L'ordine giusto è : 3,_____

3. Completa con i pronomi diretti

Attenzione alle concordanze!

1. Quando madonna Filippa è andata in tribunale, molti amici _____ hanno accompagnat___ .

2. Rinaldo non sapeva che madonna Filippa e Lazzarino erano amanti, ma poi _____ ha scopert___ insieme di notte.

3. Dopo che _____ ha ascoltat___ , il podestà si è accorto che madonna Filippa è una donna gentile e buona.

4. Ciò di cui non aveva più bisogno mio marito _____ ho offert___ ad un uomo che mi ama molto.

5. Ti piace il mio motorino? _____ ho vint___ alla lotteria.

6. Ieri ho comprato un pacchetto di sigarette e _____ ho già finit___ .

7. Conosco tutti i film di Fellini: i migliori _____ ho vist___ anche più di una volta.

8. Conosco bene le leggi dello Stato perché _____ ho studiat___ all'università.

4. Completa con le forme dell'imperativo dei verbi tra parentesi, come nell'esempio:

> (voi - chiedere) *Chiedete* a Rinaldo se gli ho sempre concesso il mio corpo.

Attenzione ai pronomi!

1. Madonna Filippa, (voi - dire - a me) _____ se avete tradito vostro marito.

2. (voi - stare) _____ attenta a quello che rispondete.

3. Madonna Filippa mi ha tradito, (voi - condannare - lei) _____ a morte.

4. Non (tu - confessare) _____ ! Dicono a madonna Filippa gli amici e i parenti.

5. (tu - andare) _____ piano! C'è molto traffico!

6. Signora, (Lei - prendere) _____ pure un caffè!

7. Per piacere, (Lei -dire - a me) _____ il suo nome.

8. Non (tu - bere) _____ troppo vino, ti fa male!

5. Sostituisci l'imperativo colloquiale con quello di cortesia e viceversa, come nell'esempio:

> Mi dica il suo nome, per favore!
> *Dimmi il tuo nome per favore!*

1. Non dimenticare l'ombrello!

   _____

2. Torna a casa presto stasera!

   _____

3. Prego, accomodati!

   _____

4. Fammi vedere il passaporto!

   _____

5. Mi scusi, sa dirmi dove si trova l'ufficio postale?

   _____

6. Non mangi troppo gelato, potrebbe ingrassare!

   _____

7. Vada sempre dritto e poi giri a destra!

   _____

8. Si ricordi di obliterare il biglietto prima di salire sul treno!

   _____

6. Trasforma le seguenti coppie di frasi, come nell'esempio:

> Preferisco dire la verità. Non voglio fuggire.
> Preferisco dire la verità *piuttosto che* fuggire.

1. Rinaldo denuncia la moglie. Lui non vuole perdonarla.

   _____

2. Il podestà preferirebbe sentire una bugia. Lui non vuole condannare madonna Filippa.

   _____

3. Madonna Filippa preferisce morire. Lei non vuole negare l'amore per Lazzarino.

   _____

4. La gente di Prato fa cambiare la legge. Loro non vogliono far morire madonna Filippa.

   _____

5. Luca fa mille cose. Lui non cerca un lavoro.

   _____

6. Se è tardi prendo un taxi. Non aspetto l'autobus.

   _____

7. Mangerei una pizza. Non voglio un gelato.

   _____

8. Mi piacerebbe visitare la Sicilia. Non ho voglia di andare in Sardegna.

   _____

7. Cerca nel testo le parole mancanti e completa le frasi

1. Rinaldo trova sua moglie tra le _____ dell'amante.

2. Rinaldo decide di _____ madonna Filippa al podestà della città.

3. Il podestà, come _____ , deve far rispettare le leggi.

4. La domanda di madonna Filippa al podestà è così _____ che tutti cominciano a ridere.

5. Rinaldo non è d'accordo con la _____ del podestà.

6. Il ladro ha _____ la colpa e ha restituito i soldi rubati.

7. Hai _____ in America? Sì, tutta la famiglia di mio padre vive lì.

8. Giovanni aveva detto a Maria di amare solo lei e invece l'ha _____ .

8. Con le lettere della parola *adulterio* forma il maggior numero di parole

1. _____   16. _____

2. _____   17. _____

3. _____   18. _____

4. _____   19. _____

5. _____   20. _____

6. _____   21. _____

7. _____   22. _____

8. _____   23. _____

9. _____   24. _____

10. _____   25,. _____

11. _____   26. _____

12. _____   27. _____

13. _____   28. _____

14. _____   29. _____

15. _____   30. _____

Punteggio:

10 parole: *bene*
15 parole: *molto bene*
20 o più parole: *eccellente*.

9. Completa con la parola più appropriata

Quasi tutta la gente di Prato, [1] _____ conosceva bene madonna Filippa, è presente [2] _____ processo e quando sente la domanda che lei rivolge al podestà, comincia [3] _____ ridere tantissimo e a gridare che [4] _____ donna ha ragione e dice una [5] _____ giusta. Prima di allontanarsi, però, insieme [6] _____ podestà cambiano quella legge senza cuore, [7] _____ quindi lasciano la pena solo per [8] _____ donne che tradiscono il marito per [9] _____.

Quando sente questa strana decisione Rinaldo [10] _____ confuso e si allontana dal tribunale, [11] _____ la moglie, libera e felice poiché [12] _____ riuscita ad evitare la pena, torna [13] _____ casa vittoriosa.

10. Discuti con i tuoi compagni e/o con l'insegnante

1. Cosa pensi di madonna Filippa?

2. Secondo te, ha fatto bene a rimanere a Prato e a presentarsi in tribunale?

3. Pensi che madonna Filippa ha dato una risposta intelligente?

4. Immagina di essere al posto di madonna Filippa: quale risposta daresti al giudice, la stessa di madonna Filippa o una risposta diversa?

5. La gente di Prato ha sostenuto gli argomenti di madonna Filippa. Ma come è oggi la legge, e in genere la società, verso le donne?

Melchisedech e il Saladino

Melchisedech e il Saladino *

Nella terza *novella* della prima giornata si racconta del-
l'*ebreo Melchisedech* che, con una breve storia, riesce ad
evitare l'*inganno* che il *Saladino* gli aveva preparato.

Il Saladino era un uomo di grande valore che, anche se
apparteneva ad una famiglia povera, era diventato *sultano* d'Egitto e molte volte, in battaglia, aveva vinto contro i re *musulmani* e *cristiani*.

Poiché aveva preso parte a numerose guerre, e poiché
amava condurre una vita da principe, presto era rimasto
senza denaro.

Un bel giorno, però, per un fatto improvviso, il Saladino ha bisogno di molto denaro, ma non sa proprio dove
e come trovarlo.

Gli viene allora in mente un ricco ebreo di Alessandria, di
nome Melchisedech, che *prestava* denaro ad *usura*. Soltanto
lui poteva aiutarlo a risolvere il suo problema.

Melchisedech era una persona molto *avara,* che non
prestava *spontaneamente* il suo denaro a nessuno, nean-
che al Saladino.

* Questo racconto di Boccaccio ha ispirato Gotthold E. Lessing (1729-1781)
per il suo romanzo "Nathan il Saggio".

novella breve storia
ebreo israelita
Melchisedech nome biblico, della Bibbia
inganno azione per fare sbagliare una persona
Saladino re d'Egitto e di Siria (1138-1193)
sultano re in medio Oriente
musulmano chi segue la religione di Maometto, dell'Islam
cristiano chi segue la religione di Cristo
prestare dare denaro o altro a qualcuno con l'accordo di averlo indietro
usura interesse sul denaro preso in prestito, più alto di quello che la legge stabilisce
avaro chi non ama spendere il proprio denaro
spontaneamente di sua volontà

D'altra parte, il Saladino non vuole sembrare *ingiusto* e costringerlo a darglielo con la forza. Perciò, poiché ne ha molto bisogno, studia il modo di ottenere comunque il denaro: gli preparerà un *inganno* che costringerà l'ebreo a prestarglielo.

Manda un servo e gli ordina di venire nel suo palazzo. Qui lo riceve con *gentilezza*, lo invita a sedersi con lui e poi gli rivolge questa domanda:

"Ho saputo da più persone che sei un uomo molto *saggio* e che conosci bene le cose della religione. Per questo vorrei sapere qual è, secondo te, la vera religione: l'*ebraica*, la musulmana o la cristiana?"

Melchisedech, che era veramente un uomo saggio ed intelligente, capisce subito che il Saladino vuole spingerlo a fare un errore nella risposta per poi poter esprimere, in ogni caso, un'opinione contraria alla sua.

Non può, quindi, dire che una religione è migliore di un'altra, se vuole impedire al Saladino di ottenere quel che desidera da lui, ma che lui ancora non sa.

Ecco perché, grazie alla sua viva intelligenza, cerca e dà una risposta che gli permette di evitare l'inganno del Saladino.

"Signore - risponde Melchisedech - la domanda che *voi* mi avete fatto è molto interessante, ma per poter spiegare bene la mia opinione su questo problema, è meglio raccontarvi una breve novella.

Se non mi sbaglio, spesso ho sentito dire che una volta viveva un uomo importante e ricco che aveva, tra i

---

ingiusto non giusto
inganno azione per costringere una persona a fare, senza che se ne accorga o contro la sua volontà, ciò che noi desideriamo
gentilezza l'essere gentile
saggio chi pensa e fa le cose con attenzione e in base all'esperienza
ebraico che riguarda gli ebrei, ebreo
voi antica forma di cortesia usata invece del Lei; nel Sud dell'Italia, ancora oggi, il suo uso è abbastanza comune

anello

gioielli

suoi *gioielli* più preziosi, un *anello* bellissimo e di grande valore.

Poiché questo anello era veramente molto bello e prezioso, desiderava lasciarlo per sempre ai suoi *discendenti*: aveva quindi stabilito di darlo ad uno solo dei suoi figli, che così diventava l'*erede* di tutti i suoi beni, e tutti gli altri dovevano *rispettarlo e onorarlo*.

L'erede, a sua volta, doveva fare la stessa cosa e lasciarlo ad uno dei suoi figli, e tutti fanno così, per anni e anni.

Dopo moltissimo tempo, l'anello arriva nelle mani di un uomo che aveva tre figli, tutti e tre belli, buoni ed *ubbidienti*.

Ciascuno dei tre giovani sapeva che esisteva questo anello, e ciascuno pregava il padre, oramai vecchio, di sceglierlo come erede.

discendente figlio, nipote; chi viene dopo di noi
erede chi riceve, dopo la morte di un'altra persona, i suoi beni
rispettare mostrare rispetto per qualcuno
onorare dare onore a qualcuno
ubbidiente chi ascolta e fa le cose in base agli ordini che riceve

L'uomo, che li amava tutti allo stesso modo, non riusciva a decidere a chi di loro lasciare l'anello e così lo promette a tutti e tre.

Alla fine, per farli contenti tutti, pensa di lasciare un anello ad ogni figlio: chiama un bravo *orefice* e gli chiede di fare altri due anelli uguali al suo.

Questi anelli erano così simili al primo che lo stesso uomo riusciva a distinguerli con difficoltà.

Poiché era oramai vecchio, prima di morire, chiama i figli a sé uno alla volta e, in segreto, dà a ciascuno di loro l'anello e lo *nomina* suo erede.

Dopo la sua morte ogni figlio, poiché non sa che anche i suoi fratelli hanno l'anello, afferma di essere l'unico erede e di avere diritto al rispetto e alle *ricchezze* del padre.

---

orefice qui, chi lavora l'oro e cose simili, e ne crea gioielli
nominare qui, indicare, scegliere
ricchezza denaro e beni di grande valore

Per provare quanto dice, mostra agli altri fratelli l'anello che gli ha dato il padre prima di morire.

Ma i tre anelli erano così simili che nessuno riusciva a stabilire quale era quello vero.

E ancora oggi, nessuno conosce la verità.

La stessa cosa accade, o mio signore, per le tre religioni che Dio ha dato ai tre popoli, quello ebraico, quello musulmano e quello cristiano: ciascuno crede di possedere la verità e di fare quanto è scritto nelle leggi di Dio ma, in realtà, ancora discutono per scoprire chi è nel giusto, come è accaduto per gli anelli."

Alla fine della storia, il Saladino capisce che Melchisedech, con grande intelligenza, ha saputo evitare l'inganno che gli aveva preparato; perciò decide di parlargli *a cuore aperto* del suo problema, e vedere se l'ebreo può aiutarlo.

Gli rivela anche quello che voleva fare nel caso di una risposta meno saggia e intelligente da parte di Melchise-dech, e cioè prendere lo stesso il denaro.

L'ebreo, allora, gli presta tutto il denaro che gli serve e, in seguito, il Saladino glielo *restituisce* per intero, con molti altri *regali*.

Da quel momento in poi, lo considererà sempre suo amico e lo farà vivere nel suo palazzo con grande rispetto e onore.

parlare a cuore aperto dire la verità a qualcuno
restituire dare indietro qualcosa a qualcuno, ridare
regalo cosa, oggetto che si dà o si riceve per una festa (es. regalo di complean-no, di Natale, ecc.)

Esercizi

1. Scelta multipla

1. Il Saladino chiama Melchisedech nel suo palazzo perché

   ❏ a. è un uomo molto saggio.

   ❏ b. conosce bene le cose della religione.

   ❏ c. può dargli del denaro.

2. L'uomo si rivolge all'orefice

   ❏ a. per avere altri due anelli uguali al suo.

   ❏ b. per vendere l'anello e dare il denaro ai figli.

   ❏ c. per comprare altri gioielli da dare a ciascun figlio.

3. Alla fine della storia

   ❏ a. il Saladino presta il denaro a Melchisedech.

   ❏ b. il Saladino e Melchisedech diventano amici.

   ❏ c. Melchisedech tratta il Saladino con rispetto e onore.

2. Trova nel testo una parola o una frase di significato simile

1. spingere qualcuno con la forza a fare qualcosa

   _____

2. dare il proprio denaro a qualcuno per un periodo stabilito

   _____

3. persona capace di comprendere, pensare e giudicare

   _____

4. senza dire o far vedere niente a nessuno

   _____

5. cercare di non fare qualcosa

   _____

6. spendere molto denaro per vivere

   _____

7. persona che ha diritto a ricevere, dopo la morte di un'altra persona, i suoi beni

   _____

8. oggetti preziosi che, di solito, piacciono molto alle donne

   _____

3. Completa con *bel, bell', bella; quel, quello, quella*

1. Il Saladino vive in un _____ palazzo.

2. Melchisedech racconta al Saladino una _____ storia.

3. Il padre aveva dato ad uno dei suoi discendenti un _____ anello.

4. Il Saladino aveva proprio bisogno di _____ denaro.

5. _____ giorno abbiamo fatto proprio una _____ passeggiata.

6. Ieri abbiamo visto un _____ film giallo.

7. Oggi c'è in TV _____ spettacolo di cui ti parlavo.

8. _____ ragazza non dice la verità.

4. Inserisci i pronomi combinati, come nell'esempio:

> Se ti piace questo quadro, *te lo* regalo.

1. Il Saladino pensa ad un inganno per Melchisedech e
   _____ prepara.

2. "Melchisedech ha molto denaro. Devo costringerlo a
   dar_____ ", pensa il Saladino.

3. Il Saladino ha una domanda per Melchisedech. Lo chiama nel suo palazzo e _____ fa.

4. Il padre stabilisce chi deve essere il suo erede e, poiché
   ha molti gioielli, _____ lascia tutti.

5. La fine della storia _____ racconto domani.

6. Mi dispiace, ragazzi, ho lasciato i soldi a casa e il gelato
   proprio non posso comprar_____ .

7. Luca ha bisogno di un motorino. Forse _____ presta
   suo padre.

8. Maria ha scritto una lettera a Giovanna, ma oramai è
   troppo tardi per mandar_____ .

5. Riscrivi le frasi come nell'esempio:

> Lo lascio a *te*   *Te* lo lascio

1. Le lasciano a noi.

   _____

2. L'abbiamo portato a lei.

   _____

3. A te lo dirò subito.

   _____

4. L'hanno restituito a me.

   _____

5. Li ha dati a voi.

   _____

6. Ti prego di mostrarlo a noi.

   _____

7. Li hai prestati a loro.

   _____

8. A me l'ha letta due volte.

   _____

6. Completa con le forme opportune dei seguenti verbi:

> *amare - dire - entrare - essere* (3 volte) - *ordi-*
> *nare - pensare - piacere - prestare* (2 volte) -
> *ricevere - sedersi - volere*

Melchisedech ____è____ un ricco ebreo di Alessandria
che [1]_____ denaro ad usura. Poiché [2]_____ molto avaro, non lo [3]_____ mai a nessuno spontaneamente. Un bel giorno Melchisedech [4]_____ la visita di un
servo del Saladino che gli [5]_____: "Il Saladino mi
[6]_____ _____ di condurti nel suo palazzo perché vuole
chiederti qualcosa." Il Saladino [7]_____ il sultano d'Egitto.
Lui [8]_____ un uomo che [9]_____ le guerre e gli
[10]_____ vivere come un principe. Per questa ragione è
rimasto senza denaro e [11]_____ chiederne un po' in
prestito all'ebreo. Così, dopo che Melchisedech [12]____
_____ nel palazzo e [13]__ ___ _____, il Saladino gli
rivolge questa domanda. "Mi [14]_____ che sei molto bravo nelle cose della religione e per questo [15]___ _____ di
chiederti qual è la vera religione".

7. Inserisci le preposizioni mancanti

[1]_____ Oriente vive un uomo molto ricco che possiede molti gioielli [2]_____ cui un anello bellissimo e [3]_____ grande valore. Poiché è veramente bello e prezioso, vuole lasciarlo [4]_____ suoi eredi. Perciò prima [5]_____ morire decide [6]_____ dare l'anello [7]_____ uno [8]_____ suoi discendenti e gli dice [9]_____ fare la stessa cosa [10]_____ i suoi eredi. [11]_____ molti anni, l'anello arriva [12]_____ mani [13]_____ un uomo che ha tre figli. Questi sono belli, buoni ed ubbidienti e l'uomo proprio non sa [14]_____ chi lasciare l'anello. Poiché li ama tutti [15]_____ stesso modo, chiama un orefice e gli chiede [16]_____ costruire altri due anelli uguali [17]_____ primo. Poi, prima [18]_____ morire dà [19]_____ segreto [20]_____ ogni figlio un anello e lo nomina a suo erede.

8. Completa con l'imperfetto o il passato prossimo

Ieri (alzarsi) [1] _____ molto presto e (andare) [2] _____ subito nel bagno. (Fare) [3] _____ la doccia e (vestirsi) [4] _____. La mia compagna di camera (dormire) [5] _____ ancora. Non (fare) [6] _____ colazione a casa ma (andare) [7] _____ al bar sotto casa dove (prendere) [8] _____ un caffè. Nel bar (esserci) [9] _____ solo alcuni uomini che (parlare) [10] _____ di calcio. (Sentirsi) [11] _____un forte odore di cornetti freschi, allora ne (prendere) [12] _____ uno e poi (uscire) [13] _____. (Salire) [14] _____ in macchina e (partire) [15] _____ di corsa. (Essere) [16] _____ bello girare per le strade a quell'ora del mattino: tutto (essere) [17] _____ tranquillo, la città (sembrare) [18] _____ deserta, solo i cani (passeggiare) [19] _____ indifferenti. All'improvviso (accorgersi) [20] _____ che una macchina mi (seguire) [21] _____. (Essere) [22] _____ una elegante Lancia K bianca. La (guidare) [23] _____ un uomo che (portare) [24] _____ un grande cappello nero. Non (riuscire) [25] _____ a vedere i suoi occhi tanto (essere) [26] _____ grande il cappello. Ma mi (sembrare) [27] _____ di conoscerlo. Certo! (essere) [28] _____ uno degli uomini visti al bar. (Continuare) [29] _____ a guidare anche se (avere) [30] _____ un po' paura. Poi (fermarsi) [31] _____ di colpo; anche la macchina bianca (fermarsi) [32] _____ accanto alla mia, l'uomo mi (guardare) [33] _____ e poi (ripartire) [34] _____ di corsa anche se il semaforo (essere) [35] _____ rosso.

9. Anagramma

Le lettere iniziali delle parole che ottieni formeranno una parola che è nella novella

TILENGETILEN _____

LEVONAL _____

OLIGILEO _____

LONALE _____

ERNIMONA _____

NUSSEON _____

FEORIEC _____

La parola è _____

10. Cruciverba

1. lo è quella cristiana, musulmana, ebraica, ecc.
2. il contrario di vivere
3. chi non è ricco
4. il contrario di ricevere
5. articolo determinativo plurale
6. una cosa che interessa è ....
7. abitazione a più piani

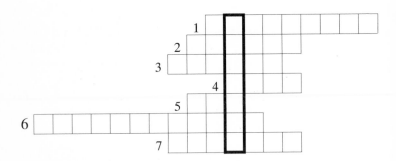

Osserva: nelle caselle in grassetto c'è una parola nuova.

Cerca il significato e scrivi, con la parola che hai trovato, una frase:

_____

_____

11. Completa liberamente le seguenti frasi:

1. Il Saladino ha così bisogno di denaro che

   _____

2. Melchisedech è così saggio che

   _____

3. E' così difficile rispondere alla domanda del Saladino
   che

   _____

4. Il Saladino diventa così amico di Melchisedech che

   _____

5. Oggi fa così caldo che

   _____

6. Quell'uomo ha le idee così chiare che

   _____

7. Ho aspettato l'autobus così a lungo che

   _____

8. Giulio e Carlo sono così simili che

   _____

12. Collega ciascuno dei seguenti modi di dire con la spiegazione giusta
Attenzione! Alcuni hanno più di un significato.

1. a cuore aperto

2. avere il cuore nello zucchero

3. con il cuore in mano

4. a cuor leggero

5. avere il cuore in gola

6. avere un cuore di ghiaccio

7. avere una persona nel cuore

8. sentirsi stringere il cuore

a. senza pensarci troppo

b. non provare alcun sentimento

c. parlare o agire in modo sincero

d. aver paura; essere in ansia

e. provare un dolore

f. essere molto disponibile e sincero

g. essere contento

h. amare una persona

1 ____ 2 ____ 3 ____ 4 ____ 5 ____ 6 ____ 7 ____ 8 ____

Chiavi

Madonna Filippa

Esercizio 1
1. Era ingiusta e dura.
2. Rinaldo scopre sua moglie in compagnia dell'amante.
3. Rinaldo decide di denunciare la moglie.
4. Perché preferisce dire la verità piuttosto che fuggire.
5. Perché prevede pene solo per le donne.
6. Pensa che è una donna bella, gentile e di buoni sentimenti.
7. Pensa che madonna Filippa ha ragione.
8. Rimane confuso e va via dal tribulale.

Esercizio 2
L'ordine giusto è: 3, 6, 2, 5, 8, 7, 1, 4.

Esercizio 3
1. l'hanno accompagnata   2. li ha scoperti   3. l'ha ascoltata   4. l'ho offerto   5. l'ho vinto   6. l'ho già finito / le ho già finite   7. li ho visti   8. le ho studiate.

Esercizio 4
1. ditemi   2. State   3. condannatela   4. Non confessare   5. Vai/va'
6. prenda   7. mi dica   8. Non bere.

Esercizio 5
1. Non dimentichi   2. Torni   3. si accomodi   4. Mi faccia   5. Scusami, sai ...   6. Non mangiare... potresti ingrassare   7. Vai/va'... e poi gira a destra   8. Ricordati.

Esercizio 6
1. Rinaldo denuncia la moglie piuttosto che perdonarla.   2. Il podestà preferirebbe sentire una bugia piuttosto che condannare madonna Filippa.   3. Madonna Filippa preferisce morire piuttosto che negare l'amore per Lazzarino.   4. La gente di Prato fa cambiare la legge piuttosto che far morire madonna Filippa.   5. Luca fa mille cose piuttosto che cercare un lavoro.   6. Se è tardi prendo

un taxi piuttosto che aspettare l'autobus. 7. Mangerei una pizza piuttosto che un gelato. 8. Mi piacerebbe visitare la Sicilia piuttosto che andare in Sardegna.

Esercizio 7
1. braccia 2. denunciare   3. giudice 4. divertente 5. decisione
6. ammesso 7. parenti 8. tradita.

Esercizio 8
adulte adulti adulto aiuole alteri altero alte alti alto arie arte arti
arto atrio dalie dare date dati dato delta dito dita dorate dorati
dote doti dura durate dure duri duro eroi erti erto idea ideato ladre
ladri ladro lati lato lauro liuto lira lire lodare lodate lodati lode
lordi lorde lurido lurida odiare oliera ora orale orali orate ore ori
orlate orlati orti otre radio rate reati reato rotaie ruoli ruota ruote
tare tedio tela telai telaio tira tua tue tuo tuoi tuorli urlate urlati
urlato urli urlo urti urto utile.

Esercizio 9
1. che; 2. al; 3. a; 4. la; 5. cosa; 6. al; 7. e; 8. le; 9. denaro; 10.
rimane; 11. mentre; 12. è; 13. a.

Esercizio 10
Non c'è chiave perché le risposte sono libere.

Melchisedech e il Saladino

Esercizio 1
1. c   2. a   3. b

Esercizio 2
1. costringere 2. prestare 3. intelligente 4. in segreto 5. evitare
6. condurre una vita da principe 7. erede 8. gioielli.

Esercizio 3
1. bel 2. bella 3. bell' 4. quel 5. quel, bella 6. bel 7. quello 8.
quella.

Esercizio 4
1. glielo 2. melo 3. gliela 4. glieli 5. te la / ve la / gliela 6. velo
7. glielo 8. gliela.

Esercizio 5
1. Ce le lasciano 2. Glielo abbiamo portato 3. Te lo dirò subito
4. Me l'hanno restituito 5. Ve li ha dati 6. Ti prego di mostrarce-
lo 7. Glieli hai prestati 8. Me l'ha letta due volte.

Esercizio 6
1. presta; 2. è; 3. presta; 4. riceve; 5. dice; 6. ha ordinato; 7. è; 8.
è; 9. ama; 10. piace; 11. vuole; 12. è entrato; 13. si è
seduto; 14. dicono; 15. ho pensato.

Esercizio 7
1. In; 2. tra/fra; 3. di; 4. ai; 5. di; 6. di; 7. a/ad; 8. dei; 9. di; 10.
con; 11. Dopo; 12. nelle; 13. di; 14. a; 15. allo/nello; 16. di; 17. al;
18. di; 19. in; 20. a/ad.

Esercizio 8
1. mi sono alzato/a; 2. sono andato/a; 3. Ho fatto; 4. mi sono

vestito/a; 5. dormiva; 6. ho fatto; 7. sono andato/a; 8. ho preso; 9. c'erano; 10. parlavano; 11. Si sentiva; 12. ho preso; 13. sono uscito/a; 14. Sono salito/a; 15. sono partito/a; 16. Era; 17. era; 18. sembrava; 19. passeggiavano; 20. mi sono accorto/a; 21. seguiva; 22. Era; 23. guidava; 24. portava; 25. riuscivo; 26. era; 27. sembrava; 28. Era; 29. Ho continuato; 30. avevo; 31. mi sono fermato/a; 32. si è fermata; 33. ha guardato/a; 34. è ripartito; 35. era.

Esercizio 9
intelligente; novella; gioiello; anello; nominare; nessuno; orefice.
La parola è *inganno*.

Esercizio 10
1. religione 2. morire 3. povero 4. dare 5. gli 6. interessante 7. palazzo.
La parola nuova è *eredità*.

Esercizio 11
Non c'è chiave perché è possibile dare risposte diverse.

Esercizio 12
1. c, f 2. g 3. c, f 4. a 5. d 6. b 7. h 8. e.

Finito di stampare nel mese di settembre 2001
da Guerra guru s.r.l. - Via A. Manna, 25 - 06132 Perugia
Tel. +39 075 5289090 - Fax +39 075 5288244
E-mail: geinfo@guerra-edizioni.com